1972 - ein ganz besonderes Jahr

1972 ist ein besonderes Jahr: Uwe Seeler geht in Fußball-Pension, der Playboy erscheint in Deutschland und Raumschiff Enterprise flimmert zum ersten Mal über den Bildschirm. Eine spannende und amüsante Zeitreise für jeden Mann, der immer schon mal wissen wollte, welche Trends in seinem Geburtsjahr begründet wurden und welche bedeutenden Ereignisse es gab.

Ein Ereignis ist dabei ganz besonders hervorzuheben:

Das größte Highlight 1972 ist die Geburt von:

Liebes Geburtstagskind,

Inhalt

Chinesisches Horoskop

Wer im Jahr 1972 das Licht der Welt erblickte, ist im **chinesischen Tierkreiszeichen der Ratte** geboren.

Das chinesische Sternzeichen der Ratte ist voller Energie

Männer, die im Tierkreiszeichen der Ratte geboren sind, sind lebhafte und temperamentvolle Menschen, die voller kreativer Energie und Tatendrang stecken. Sie sind sehr gesellig und mögen Gemeinschaftsunternehmungen jeglicher Art. Sie sind schlagfertig, einfallsreich, vielseitig und intelligent.

Mit starker Intuition und schnellem Reaktionsvermögen sind sie in der Lage, sich leicht an die jeweilige Situation anzupassen. Sie sind neugierig und haben eine schnelle Auffassungsgabe. Ratten-Männer sind klug und können besonders gut mit Geld um gehen.

Spontan und schnell entschlossen stürzen sich Männer mit dem Tierkreiszeichen Ratte mutig in alle möglichen Abenteuer. Für Neues sind sie schnell Feuer und Flamme. Mit Willensstärke und großem Ehrgeiz wollen Sie sich verwirklichen - und die Welt erobern. Ratten-Männer strotzen vor Energie.

Sie verfügen über eine scharfe Auffassungsgabe und sind geistig sehr beweglich. Sie lieben Bücher und sind bestrebt sich immer wieder neues Wissen anzueignen. Durch ihr aktives Wesen haben Ratten Freude an sozialen Beziehungen. Sie lernen gerne neue Menschen kennen und haben ein charmantes Auftreten, das auf andere anziehend wirkt. Auf Grund ihrer ausgeprägten Fähigkeit zur Selbstreflexion können Ratten ihr eigenes Handeln gut beurteilen, was ihnen hilft unnötigen Ärger zu vermeiden. Sie sind sorgfältig und arbeiten gerne. Geeignete Berufe sind: Manager, Unternehmer, Autor, Musiker, Politiker, Anwalt und Wissenschaftler.

Grundsätzlich verfügen Ratten über eine gute Gesundheit. Sie sind voller Energie und Aktivität, die ihnen hilft, fit zu bleiben und sich Krankheiten vom Leib zu halten.

Auf den folgenden Seiten sind Trends, Ereignisse und Geschichten angeführt, die das Geburtsjahr 1972 aus Sicht des Mannes zu einem besonderen Jahr machen. Viel Spaß beim Schmunzeln und Staunen!

Eine Kultband gründet sich

Die vier Musiker **A**gnetha Fältskog, **B**jörn Ulvaeus, **B**enny Andersson und **A**nni-Frid ("Frida") Lyngstad aus Schweden schließen sich nach ihrer ersten gemeinsamen Single *„People Need Love“* 1972 zur Popband **ABBA** zusammen. Sie verbanden einfach die Anfangsbuchstaben ihrer Vornamen und schon war der Bandname „ABBA“ entstanden. Die Band gehört mit rund 400 Millionen verkauften Tonträgern zu den Erfolgreichsten der Musikgeschichte.

Das Original-Album mit den größten Hits gibt es auf Youtube zum Gratis-Anhören. Hier der Link bzw. QR-Code zum über 1,7 Mio. Mal angeklickten Album:

https://bit.ly/abba-auf-youtube

Eine Maus startet durch

Ein neues Programm für Kinder startet der WDR ab dem 23. Januar: **Die Sendung mit der Maus.** In kurzen Filmen sollen den kleinen Zuschauern mit **„Lach- und Sachgeschichten"** interessante Einblicke in den Alltag gegeben und ihre Neugier angeregt werden.

Die Sendung ist ein 30-minütiges Magazin für Kinder mit Trickfilmen, Lieder-Erklärstücken und kurzen Spots, das wöchentlich ausgestrahlt wird. Die Sachgeschichten in Form kleiner Dokumentarfilme erklären Vorgänge und Phänomene der Welt und lassen Komplexes anschaulich werden. Im Laufe der Jahre erhält die Sendung rund 75 nationale und internationale Preise (unter anderem den Adolf-Grimme-Preis in Gold im Jahr 1988).

Viele Folgen und tolle Infos zur Maus gibt es unter folgendem Link bzw QR-Code des WDR:

https://www.wdrmaus.de/

Ein Fußball-Star geht in Pension

Rekordnationalspieler **Uwe Seeler** (72 Länderspiele, 43 Tore) feiert im Hamburger Volksparkstadion seinen Abschied vom Fußball. Beim 3:7 seines Hamburger SV gegen eine Weltauswahl geben Stars wie Gordon Banks, Franz Beckenbauer, Karl-Heinz Schnellinger, Bobby Charlton und viele andere „Uns` Uwe" die Ehre. Das Fernsehen in den Niederlanden, Spanien, Jugoslawien, Portugal und Belgien berichten live - und Seeler schießt nochmal zwei Tore.

Mit 72 Rosen – für jeden Teameinsatz eine – in der Hand:
Die Mannschaftskameraden lassen Uwe Seeler hochleben

Alle Tore des Abschiedsspiel sind in dem 10-minütigen Video *„Uwe Seeler Abschiedsspiel - alle Tore"* unter folgendem Link bzw. QR-Code zu sehen:

https://bit.ly/uwe-seeler-1972

Das Wohnzimmer im Zentrum

Mittelpunkt der Wohnung bleibt auch 1972 das Wohnzimmer mit einer repräsentativen Ausstattung. Die Polstermöbel werden bequemer und luxuriöser. Beliebt sind tiefe Polstermöbel mit Bezügen aus Cord, Velours oder Leder.

Die traditionelle Couchgarnitur wird häufiger durch sog. **Systemmöbel** abgelöst. Polstergruppen aus einzelnen Sitzelementen bieten mehr Möglichkeiten, den Wohnraum individuellen Bedürfnissen anzupassen.

Eine Wohnlandschaft aus sechs großen Sitzpolstern, die nur lose zusammengestellt sind. Bei entsprechenden Anlässen, z.B. wenn Gäste erwartet werden, lässt sich das Arrangement mühelos in eine U-förmige Sitzgruppe verwandeln

Ein Mafioso begeistert

Die Verfilmung des 1969 erschienenen Mafia-Romans **„Der Pate“** durch Francis Ford Coppola, der 1972 in die deutschen Kinos kommt, gibt dem 48-jährigen **Marlon Brando** die Chance, in der Rolle des Mafia-Bosses Don Vito Corleone alle Register seines Könnens zu ziehen. Der Film mit Al Pacino in einer der Hauptrollen wird für elf Oscars nominiert, von denen er drei gewinnt.

Brando verweigert die Annahme seines zweiten Oscars für seine Titelrolle aus Protest gegen den bis zu dieser Zeit verbreiteten abwertenden Umgang der amerikanischen Filmindustrie mit den Indianern. Der Pate war an den Kinokassen ein herausragender Erfolg und zählt zu den künstlerisch bedeutendsten Werken der Filmgeschichte.

Kinoplakat für den Film „Der Pate“ von Francis Ford Coppola, der 1972 mit großem Erfolg in den deutschen Kinos anläuft

Ja, findest du?
Ist ein wenig kühl geworden!

Exklusiv: 150 Cocktailrezepte

Cocktailbücher gibt es in den 1970er Jahren in jeder Buchhandlung

Hier gibt es 150 original Cocktail-Rezepte aus dem Jahr 1972 zum Download. Der Link und QR-Code dazu:

https://bit.ly/150-cocktails-1972

Männerphantasien auf Deutsch

Im August 1972 kommt ein Magazin auf den deutschen Markt, das für viele Männer zur Pflichtlektüre wird: Der **Playboy** bringt seine erste Deutschland-Ausgabe heraus - und die ganze BRD diskutiert darüber. Im ersten Heft werden 32 schöne Münchnerinnen gezeigt, die aus 400 Bewerberinnen ausgewählt wurden. Der Text dazu erklärt das mit Sehnsüchten und Liebeserklärungen überfrachtete München auch noch zur Hauptstadt der Libertinage: *„Noch über der letzten Junggesellen-Liege und über dem nüchternsten Schreibtisch scheint in München die Sonne des Leichtsinns."*

Noch recht züchtig: Die erste Deutschland-Ausgabe des Playboy

Ein dreiminütiges Video zur ersten Ausgabe in Deutschland gibt es unter folgendem Link bzw. QR-Code:

https://bit.ly/1972-playboy

Schweizer ohne Kavallerie

Der Schweizer Nationalrat fällt am 5. Dezember eine unpopuläre Entscheidung: Er billigt mit 91 gegen 71 Stimmen die **Abschaffung der Kavallerie**. Der Bundesrat Rudolf Gnägi bittet die Traditionalisten in der Bevölkerung mit dem Hinweis um Verständnis, die Kavallerie könne niemals die Feuerkraft von Infanterie- und Radfahrtruppen erreichen.

Genau 432.430 Schweizer hatten dies anders gesehen: Sie hatten in einer Petition um den Erhalt dieser traditionsreichen Waffengattung ersucht.

Berittene Ehrenformation der Schweizer Armee

Oscar für König der Leinwand

Für seine *„unschätzbaren Verdienste um die Filmkunst"* bekommt der 82-jährige **Charles Chaplin** einen **Ehren-Oscar.** Die Auszeichnung ist zuallererst ein Akt der Wiedergutmachung: 1952 hatten ihn die US-Behörden aus dem Land getrieben. Chaplin war in den Verdacht geraten, mit dem Kommunismus zu sympathisieren, weshalb sein „Rückkehr-Visum" während einer Europareise widerrufen wurde.

Charles Spencer Chaplin wurde 1889 in London geboren. Nach einer unglücklichen Jugend in ärmlichsten Verhältnissen erhielt er 1907 ein festes Engagement in einer Slapstick-Pantomimen-Truppe und wurde 1912 für den Film entdeckt. Sein Aufstieg verlief kometenhaft: 1917 schloss er den ersten Vertrag der Filmgeschichte **über eine Million US-Dollar** ab. 1967 drehte Chaplin seinen 85. und letzten Film.

Charlie Chaplin mit seinem Ehren-Oscar

Die Szene aus dem Film *„Der Zirkus"* aus dem Jahr 1928 wurde auf Youtube bis dato über 73 (!) Millionen Mal geklickt. Hier der Link und QR-Code dazu:

https://bit.ly/Zirkus-1928

Lustige Dicke macht Furore

Zu den herausragenden **Werbefotos** des Jahres 1972 zählt die Anzeige der japanischen Fotofirma Fuji-Photo-Film-GmbH. Am heißen Strand von Ibiza posiert die **mollige Kunststudentin Gerd Tinglum**, nur mit einem Sonnenschirm „bekleidet", und entkräftet so das hartnäckige Vorurteil, Fotomodelle müssten unbedingt schlank und rank sein. Der Hamburger Fotograf Christian von Alvensleben hatte das Freizeitmodell mit den Maßen 115-100-110 durch Zufall entdeckt. Nach anfänglichem Zögern zeigte sich die angehende Buchillustratorin zur Foto-Reise in den Süden bereit. Der **große Erfolg dieser Anzeige** liegt vor allem darin, dass hier mit großem Witz an menschliche Schwächen appelliert wird - es bedarf keines Modells mit „Traummaßen", um es unverhüllt zu fotografieren.

Fülliger „Sonnenschein" aus Norwegen, die Kunststudentin Gerd Tinghum in Ibiza

Alte Köpfe

In Washington präsentiert der britische Anthropologe **Richard Leakey** der Öffentlichkeit einen spektakulären Schädelfund, der nach Ansicht des Wissenschaftlers beweisen könnte, dass die ersten Menschen bereits vor **2,5 Mio. Jahren** gelebt haben.

Die Fundstelle, östlich des Rudolf-Sees in Kenia, hatte er 1967 bei einem zufälligen Überflug als „fossilienverdächtig" erkannt.

Seine Funde verschafften ihm in den USA zeitweise eine so große Popularität, dass ein Foto von ihm als Titelbild auf einer Ausgabe der Zeitschrift „Time" erscheint

Warum bist du an deinem Geburtstag nicht zu Hause? Kommt denn deine Familie nicht zu Besuch?
Doch. Deshalb bin ich nicht zu Hause

Jesus wird zum Superstar

In Münster wird im Februar das US-amerikanische Erfolgs-Musical **„Jesus Christ Superstar“** erstmals in der BRD aufgeführt. Vor allem Jugendliche begeistern sich für das neue Idol Jesus. Das Stück von Andrew Lloyd Webber (Musik) und Tim Rice (Text) schildert die letzten sieben Tage im Leben Jesu Christi. Die Broadway-Inszenierung, in der die Passion Christi als gewaltiges Showspektakel gezeigt wird, war in den USA bereits vor der Premiere für die nächsten sechs Wochen ausverkauft.

Jeff Fenholt, der die Titelrolle in Uraufführung singt, entspricht dem gängigen Christus-Bild des Publikums

Hier der Link und QR-Code zur mittlerweile von über 3,5 Millionen Menschen gestreamten Youtube Tonaufnahme zur Original-Musik von 1970.

https://bit.ly/superstar-jesus

Was sonst noch geschah ...

5. Januar
US-Präsident Richard M. Nixon gibt in seinem Sommersitz in San Clemente/Kalifornien die Konstruktion eines wiederverwendbaren Raumtransporters (Space shuttle) für Raumflüge ab 1978 bekannt

22. Januar
In Brüssel unterzeichnen Großbritannien, Irland, Norwegen und Dänemark Verträge über den Beitritt zur Europäischen Gemeinschaft (EG)

19. Juni
Laut Spruch des Obersten Gerichtshofs der USA ist die Überwachung von Telefongesprächen von US-Bürgern rechtswidrig, sofern diese nicht von einem Gericht angeordnet sind

16. Oktober
Amnestie: DDR-Bürger, die vor dem 1. Januar 1972 das Land verlassen haben, verlieren die DDR-Staatsbürgerschaft und werden strafrechtlich nicht mehr verfolgt

Amnestierte DDR-Häftlinge kommen auf dem Wolfsburger Bahnhof an

Was sonst noch geschah ...

21. Juli
Ostberlin wird kleiner: Der Westberliner Senat erwirbt ein bisher zu Ostberlin gehörendes 8,5 ha großes Gebiet am Potsdamer Platz für 31 Mio. DM (ca. 15,5 Mio. Euro)

30. Juli
Das Wasserkraftwerk von Krasnojarsk am oberen Jenissei in Sibirien wird in Betrieb genommen. Nach sowjetischen Angaben handelt es sich um das größte Wasserkraftwerk der Welt. Jeder der zwölf Generatoren leistet 500.000 kW

30. September
Die Brücke zwischen Öland und dem schwedischen Festland wird eingeweiht. Es ist mit 6.070 m die längste Brücke Europas

1. Oktober
Auf bundesdeutschen Straßen (außer Autobahnen) gilt Tempo 100

31. Dezember
Die Tutanchamun-Ausstellung im Britischen Museum in London verzeichnet mit 1,6 Mio. Menschen einen Besucherrekord

Die Totenmaske bewacht von Museums-Wärtern

K.O. - Sieg für Ali

In einem Schwergewichtskampf um den Welttitel der New Yorker Box-Behörde besiegt der 30-jährige **Muhammad Ali** den 36-jährigen **Floyd Patterson** vor 17.000 Zuschauern im Madison Square Garden durch k.o. in der siebten Runde. Nach fünf Runden liegt Patterson in der Punktewertung vorne. Betreuer Angelo Dundee weist seinen Schützling Ali darauf hin, der dann ab sofort ernst macht. Nach einem schweren Niederschlag blutet Patterson stark aus einer Verletzung an der linken Augenbraue. Nach dem Gong der siebten Runde stoppt Ringrichter Harry Kleinmann den Kampf. Für den 37-jährigen Floyd Patterson, Weltmeister 1956 bis 1959 und 1960 bis 1962 ist es der 64. und letzte Profikampf.

Das Originalvideo vom Kampf ist auf Youtube zu sehen. Hier der Link und QR-Code:

https://bit.ly/Ali-patterson-1972

Vorletzte Reise zum Mond

Das US-amerikanische Raumschiff **Apollo 16** startet am 16. April mit drei Astronauten an Bord zu einer weiteren **Mondlandung**. Am 21. April betreten die Astronauten John W. Young und Charles M. Duke den Mond.

Die Astronauten finden statt der erwarteten vulkanischen Formationen hauptsächlich durch Einschläge gestaltete Brocken vor, darunter die mit **11 kg größte Probe** des Programmes. Als Folge dieser Funde revidieren die Mondgeologen die Theorie, Vulkane hätten die frühe Gestalt des Mondes geformt. Apollo 16 kehrt am 27. April zur Erde zurück und ist die vorletzte Mission innerhalb des amerikanischen Apollo-Programms.

Mannschafsfoto Apollo 16 – v. l. n. r. Ken Mattingly, John Young, Charles Duke

Die rund 10-minütige Doku *„Die wichtigsten 31 Fakten über Apollo 16“* auf Youtube ist unter folgendem Link bzw. QR-Code abrufbar:

https://bit.ly/fakten-apollo-13

Teamarbeit statt Fließband

Autos werden weltweit am Fließband gebaut. Doch die Produktionsmethode, die **Henry Ford** 1913 eingeführt hatte, macht die Autos nicht nur billiger, sondern die Arbeiter auch krank. Auch wird die klassische Fließband-Arbeit als monoton und abstumpfend empfunden. Die Folge: *„Die Leute verlassen uns, weil sie keine Befriedigung in ihrer Arbeit finden“*, sagt 1972 der damalige Volvo-Chef Pehr G. Gyllenhammar dem „Spiegel“. Den Mitarbeitern müsse der Spaß an ihrer Tätigkeit zurückgegeben werden.

3. August 1972: Volvo führt die Teamarbeit ein

Am 3. August 1972 kündigt der Konzern an, das Fließband abzuschaffen. In einer großen, hellen Halle stehen die Rohkarosserien des Volvo 164 auf Plattformen, die sich elektrisch von Montageinsel zu Montageinsel bewegen. 15 bis 20 Männer arbeiten in einer Gruppe. Ein Team baut den Motor ein, ein anderes das Fahrwerk oder die Elektrik.

Ganz ohne ist in

Aus der Tourismusbranche vermeldet man im Juli 1972 freudige Nachrichten: **„Für FKK-Urlauber wächst das Angebot.“** Und die SZ titelt: "*Den Nackten wird in die Tasche gegriffen.*" Nacktbaden ist 1972 nun auch beim westdeutschen Normalbürger angekommen und nicht mehr nur den Hippies vorbehalten. Vor allem im ehemaligen Jugoslawien und auf Korsika schießen die textilfreien Badezentren aus dem Boden - und zocken die deutschen Urlauber mit saftigen Preisen kräftig ab.

Auf der nackten Welle reiten kleine Reisebüros genauso wie große Veranstalter. Man wittert das große Geschäft und hat auch Besonderes für die FKK-Anhänger im Angebot - wie etwa Nackt-Kreuzfahrten.

Immer noch mit dem Reiz des Exotischen behaftet: Urlaub „ganz ohne“

Hit mit Anti-Drogen-Song

Der Aufsteiger des Jahres 1972 in der bundesdeutschen Musikszene kommt aus Essen: **Juliane Werding** verkauft von ihrem Anti-Drogen-Song **„Am Tag, als Conny Kramer starb“** in kurzer Zeit 650.000 Platten. Das melancholische Lied um den frühen Tod des 16 Jahre alten Fixers Conny Kramer warnt vor der Versuchung durch die Droge. Der Song katapultiert die 16-jährige Sängerin nicht nur an die Spitze der deutschen Hitparaden, sondern bringt ihr auch die **„Goldene Europa“** des Saarländischen Rundfunks ein.

Juliane Werding bei einem Auftritt in der ZDF-Schlagersendung „Disco 72“

Hier der Link und QR-Code zum Song auf Youtube, inzwischen über 11 Mio. Mal geklickt:

https://bit.ly/juliane-werding

Lehrer ohne Autorität

Die bundesdeutschen Schulen machen wieder **Schlagzeilen.** War es zu Beginn der 60er Jahre die vielbeschworene Bildungskatastrophe und in den späten 60ern die drohende Schülerrebellion, so macht in den 70er Jahren eine zunehmende **Autoritätskrise** den Schulen zu schaffen. Auch breiten sich zunehmend Aggression und Apathie aus, die Lehrer haben sich mit dem Verlust ihrer Vorbildfunktion noch nicht ab-gefunden und suchen nach einer neuen Orientierung. Viele Lehrer reagieren hilflos auf die Herausforderung einer neuen Schülergeneration.

Ein provokantes Titelbild vom 27. März 1972, das die Vorstellungen von Zucht und Ordnung in Frage stellt

Schau mal! Uwe hat sich doch endlich mal was in seinem Alter angelacht!
Tatsächlich! Zwei Zwanzigjährige!

Umweltschutz wird modern

Die **zunehmende Umweltbelastung** als Folge der industriellen und technischen Entwicklung gibt dem Natur- und Umweltschutz zu Beginn der 70er Jahre eine stärkere Bedeutung als in früheren Jahren. Der **Begriff Umweltschutz** ist in der BRD erst seit 1970 gebräuchlich. Damit ist die Gesamtheit derjenigen Maßnahmen gemeint, die den Menschen und seine Umwelt vor nachteiligen Wirkungen des Eingriffs in den Naturhaushalt schützen sollen. Dies erscheint umso dringlicher, als allein in der BRD im Jahr 1972 rund 65 Mio. Tonnen Müll anfallen.

Schadstoffemissionen der Industrie belasten zunehmend die Umwelt

Verdreckte Ruhr bei Duisburg. Mangels strenger Auflagen für die Abwasserreinigung in Flüssen verkommen diese zu stinkenden Industriekloaken

28 Jahre im Dschungelcamp

In Japan wir die Nachricht von der **„Gefangennahme“** des letzten Soldaten der kaiserlich-japanischen Armee auf der Pazifik-Insel Guam mit Überraschung aufgenommen. Der 58-jährige Unteroffizier Yokoi Shoichi, der nach eigenen Angaben nie daran gedacht hat, sich zu ergeben, hatte seit dem zweiten Weltkrieg ein **entbehrungsreiches Robinson-Leben geführt**.

Fünf Dorfbewohner haben Yokoi Shoichi gefunden. Am 24. Januar 1972, kurz nach Einbruch der Dunkelheit, steht er am Ufer des Flusses Talofofo, nicht weit von einer kleinen Ortschaft im Südosten der Insel. Die Männer schleichen sich an, ringen ihn zu Boden und zwingen ihn, ins Dorf mitzukommen. Yokoi Shoichi trägt keine Uniform, doch er behauptet, Soldat der kaiserlich-japanischen Armee zu sein. Die existiert jedoch seit 27 Jahren nicht mehr.

Nach seiner Entdeckung tritt der 58-Jährige im Krankenhaus vor die Presse

Kleinster Kombi der Welt

„Dieser Kleinwagen würde auch der deutschen Automobilindustrie gut zu Gesicht stehen", bejubeln Fachmedien im Frühjahr 1971 den neu vorgestellten **Fiat 127**. Weit vor VW Polo und auch viel früher als Ford Fiesta und vor allem dem Opel Corsa zeigen die Italiener mit dem Fiat 127, wie ein cooler Kleinwagen rund **acht Millionen Käufer** gewinnen kann. Nicht einmal dem raffiniert gestylten Rivalen Renault 5 gelingt 1972 ein derart furioser Start. Der 3,59 Meter kurze Fiat 127 gewinnt deshalb nicht nur prompt den Medienpreis „**Auto des Jahres 1972**", er avanciert wenig später auch zum meistverkauften Auto Europas Südamerikas. Unter der Typenbezeichnung 127 wird er zum Volksauto mit Kultstatus, das erst nach 35-jähriger Bauzeit in den Ruhestand geschickt wird.

Der Fiat 127 wird ein Topseller

Das knapp 5-minütige Youtube-Video *„Why The Original Fiat 127 Is a Cool Italian Classic"* ist unter folgendem Link bzw. QR-Code zu sehen:

https://bit.ly/fiat-127-1972

Erste SB-Tankstelle in Europa

Wer heute sein Auto volltankt, tut das in der Regel selbst - ohne darüber nachzudenken. Das war nicht immer so. 1972 eröffnet der Kemptener Energiehändler Präg die **erste europäische Texaco-Selbstbedienungstankstelle** in Lagerlechfeld bei Augsburg. Das Konzept geht auf: Im ersten Monat verkauft man 150.000 Liter Kraftstoff. Im zweiten Monat 200.000 Liter. Üblich war bis dato ein Absatz von maximal 300.000 Liter - pro Jahr. Zwei Jahre später hat Präg sechs seiner 180 Anlagen komplett auf das SB-System umgestellt. Parallel wird eine weitere Neuerung eingeführt: Man lässt in den Tankstellen Shops einrichten, in denen Süßwaren und Getränke verkauft werden. Auch das Shopsystem geht auf.

In den 1970er Jahren locken erste SB-Tankstellen damit, dass der Sprit bei ihnen günstiger sei

Wer, wie, was?

Die ungleichen Freunde Ernie und Bert, der schusselige Grobi, Kermit der Frosch und das immer hungrige Krümelmonster - Millionen von Kindern sind mit den Figuren aus der **„Sesamstraße"** aufgewachsen. Die Fernsehserie ist das **erfolgreichste Kinderprogramm aller Zeiten.** Das Original kam aus den USA, hieß Sesame Street und richtete sich an sozial benachteiligte amerikanische Kinder. Der NDR erkannte das Potenzial der Serie und zog als weltweit erster Co-Produzent mit in die Sesamstraße ein. 1972 laufen einige Originalfolgen testweise in den Dritten Programmen.

Erni und Bert sind zwei Puppen aus der Sesamstraße

Die 1. Folge der Sesamstraße (ARD vom 8.1.1973) gibt es unter diesem Link und QR-Code auf Youtube zum Ansehen:

https://bit.ly/sesamstrasse-1

Witwenmacher auf 2 Rädern

Kawasaki wollte 1972 mit der **750 H2 „Mach IV"** an den Erfolg der H1 anknüpfen. Der Dreizylindermotor ist nicht einfach eine aufgebohrte Version der H1, sondern eine eigene Entwicklung. Mit einer Leistung von 74 PS bei 6.500 Touren beschleunigt das Bike ungemein. Weil die H2 so ultraschnell ist, wird sie auch als **„Wittwenmacher"** bezeichnet. Neue Abgasvorschriften in den USA machen den Zweitaktern jedoch das Leben schwer, weshalb es die H2 nur bis 1975 gibt.

Produktion	1972–1975
Bauart	Supersportler
Steuerung	Schlitz
Hubraum (ccm)	748
Zylinder	3
Motorbauart	Zweitakter
Leistung (PS)	74
Höchstgeschw. (km/h)	203
Antrieb	Kette
Gänge	5
Gewicht (kg)	192

Das 5-minütige, über 200.000 Mal angeklickte Youtube-Video *„Kawasaki H2 Mach IV 750 – Kettenraucher"* gibt's unter diesem Link bzw. QR-Code:

https://bit.ly/750-mach-4

100 Jahre Kanalschwimmen

Zum hundertsten Mal jährt sich der erste offizielle Versuch, den **Ärmelkanal ohne fremde Hilfe zu durchschwimmen.** 1872 geht der Engländer Jim B. Johnson aufgrund von Wetten an der englischen Küste bei Dover ins Wasser. Auf halber Strecke zum franz-ösischen Calais gibt er auf.

Die schmalste Stelle des Ärmelkanals - die Straße von Dover - ist 34 km lang und 55 m tief. Sehr starke Gezeiten verdoppeln allerdings die Schwimmstrecke. Der 27-jährige britische Offizier Matthew Webb schafft es 1875 als Erster: 61 km in 21:45 Stunden.

(li.) Matthew Webb durchschwimmt 1875 als erster den Ärmelkanal, begleitet von Freunden in drei Versorgungsbooten.

(re.) Erste Frau: Die 19-jährige Olympiasiegerin Gertrud Ederle braucht 1926 von Calais nach Dover knapp 15 Stunden

Soll ich meine Schuhe wieder anziehen?

Kommerzielles Atomkraftwerk

Am 8. Januar nimmt das Kernkraftwerk Stade (KKS) nahe der Schwingemündung an der Elbe den Betrieb auf. Es ist das **erste rein auf kommerzieller Basis gebaute Großkraftwerk in Deutschland.** Die Errichtungskosten beliefen sich auf rund 150 Mio. Euro. Der Betrieb lief bis 2003. Stade war das erste nach dem Atomausstieg stillgelegte Kernkraftwerk Deutschlands und befindet sich zurzeit im Rückbau.

Das Kernkraftwerk in Stade von der Elbe aus

Wie ein Atomkraftwerk funktioniert, erfahren Sie im 15-minütigen Video *„WDR total phänomenal - Kernkraft Funktionsweise“* unter folgendem Link bzw. QR-Code:

https://bit.ly/Funktion-A-Kraftwerk

Erstes Computerspiel

Atari veröffentlicht das erste Computersiel **„Pong“**, das zum ersten weltweit beliebten Videospiel - vor allem in Spielhallen - wird. Es gilt als **Urvater der Videospiele**. Das Spielprinzip von Pong ist simpel und ähnelt dem des Tischtennis: Ein Punkt („Ball“) bewegt sich auf dem Bildschirm hin und her. Jeder der beiden Spieler steuert einen senkrechten Strich („Schläger“), den er mit einem Drehknopf nach oben und unten verschieben kann. Lässt man den „Ball“ am „Schläger“ vorbei, erhält der Gegner einen Punkt. Das programmtechnisch aufwändigste an Pong war die Anzeige des aktuellen Punktestandes.

(li.) Eine Konsole der Atari-Home-Pong-Serie. (re.) So sieht das Pong-Video-Spiel am heimischen TV-Gerät aus

Wie „Pong“ beim Spielen auf dem TV-Bildschirm aussieht, erfährt man in diesem einminütigen Video:

https://bit.ly/atari-pong

USA ohne Todesstrafe

Am 29.6.1972 erklärt der **Oberste Gerichtshof der USA** mit fünf gegen vier Stimmen die **Todesstrafe** für **verfassungswidrig.** Damit werden rund 600 bereits zum Tode verurteilte Häftlinge vor dem elektrischen Stuhl, der Gaskammer oder dem Strang bewahrt.

Über die Hälfte der Todeszellen-Insassen sind Schwarze, Puerto-Ricaner und Mexiko-Amerikaner. Die Mehrheit der US-Bürger ist jedoch für die Todesstrafe. Bereits im Juli 1976 nimmt das - inzwischen anders zusammengesetzte - Oberste Gericht dieses Urteil wieder zurück.

Elektrischer Stuhl im Gefängnis von Huntsville
im US-Bundesstaat Alabama

Die Spiele sind eröffnet

Vor 80.000 Zuschauern beginnen am 26. August in **München die XX. Olympischen Spiele.** Die Sonne lacht und die Glocken der Marienkirche läuten ihren Willkommensgruß aus dem Zentrum der „Weltstadt mit Herz“ hinüber zum Oberwiesenfeld, wo um 15 Uhr die Eröffnungsfeier beginnt - farbenfroh, locker, heiter. Für den Einzug der Nationen legt Big-Band-Leader Kurt Edelhagen einen beschwingt-pfiffigen, jeweils landestypischen Tonteppich aus Volksliedern, Beatles-Songs, Gospels, Balalaika-, Kastagnetten-Klängen oder Rumba Sound.

Fahnenträger Detlef Lewe führt die Mannschaft der Bundesrepublik in das Olympiastadion

Seit 1896 ist der Ablauf festgeschrieben: Hinter Namenschild und Nationalfahne ziehen die jeweils einheitlich gekleideten Mannschaften ins Olympiastadion ein - zuerst Griechenland, dann die Länder alphabetisch, schließlich die Gastgeber. 80.000 begeisterte Zuschauer jubeln den 9.000 Sportlern zu.

Woody Allen klärt auf

In den USA erscheint in den Kinos: ***„Was Sie schon immer über Sex wissen wollten“***. Eine Mediensatire von und mit **Woody Allen** und **Burt Reynolds**. Der Film ist eine teils grelle, teils hintergründige parodistische Filmsatire auf die Sexwelle der frühen 70er Jahre.

Woody Allens Film ist eine Parodie des 1969 erschienenen und damals populären gleichnamigen Sexualkundebuches von David Reuben, einem US-amerikanischen Arzt

In sieben ‚Kapiteln‘ voll beißenden Spotts entlarvt der Regisseur die damals modischen Themen durch groteske Übersteigerung. Der Episodenfilm ist eine satirische Verfilmung des gleichnamigen Sexualkunde-Buches von David Reuben. Übrigens: Woody Allen wird bei der deutschen Kinofassung von Harald Juhnke synchronisiert.

Die besten Soundtracks der Woody Allen Kinofilme zum Anhören (ca. 70 min) gibt es auf Youtube unter folgendem Link bzw QR-Code:

https://bit.ly/woody-soundtracks

Ein Käfer wird Weltmeister

Am 17. Februar 1972 läuft der **15.007.034ste Volkswagen Käfer vom Band.** Mit dieser Produktionsstückzahl löst der VW den vorherigen Weltrekordhalter, den Ford Tin Lizzy als meistgebautes Auto der Welt ab, dessen Rekord immerhin 45 Jahre hielt.

Die Weltmeister-Sonderserie gleicht dem originalen Rekordbrecher in Farbe und Ausstattung bis ins Detail. Das Volumen umfasst 6.000 Einheiten zum Stückpreis von 6.930 D-Mark (ca. 3.500 Euro). Nach nur zwei Jahren Produktionszeit wird der 1302 noch im Jubiläumsjahr von seinem Nachfolger 1303, dem ersten Käfer mit gewölbter Frontscheibe, abgelöst. Im Juli 2003 läuft in Mexiko der letzte weltweit gebaute Käfer vom Band. Insgesamt wurden **21.529.464** VW Käfer hergestellt.

Der VW-Käfer ist mit über 21 Mio. Exemplaren das meistgebaute Auto der Welt

Die fünfminütige und über 1 Mio. Mal geklickte SWR-Doku *„Unterwegs im ältesten zugelassenen VW Käfer der Welt“* ist unter diesem Link bzw. QR-Code zu sehen:

https://bit.ly/ältester-käfer

Bayern wird Fußball-Meister

Der **FC Bayern München** ist zum dritten Mal **Deutscher Fußball-Meister.** Am 34. und letzten Bundesliga-Spieltag siegen die Bayern vor 80.000 Zuschauern im neuen Olympiastadion klar mit 5:1 gegen den Tabellenzweiten Schalke 04. Zugleich stellen sie mit 55 Saisonpunkten und 101 Toren einen neuen Bundesliga-Rekord auf.

Breitner, Müller, Hoeneß, Beckenbauer: Der FC Bayern sichert sich – mit langen Haaren, aber ohne Werbung auf den Trikots – 1972 die Meisterschale

Im einminütigen Video *„Deutscher Meister 1972"* sieht man nochmals alle Tore. Hier der Link bzw. QR-Code:

https://bit.ly/Meister-1972

Raum und Zeit sind relativ

Zwei US-amerikanische Überschall-Jets liefern in einem Experiment der Washington University und des Naval Observatory den **messtechnischen Beweis** für die innerhalb von **Einsteins Relativitätstheorie** formulierte Erkenntnis, dass sich unter bestimmten Umständen die Zeit kontrahiert.

Beide Jets haben extrem genaue Uhren an Board und umkreisen in entgegengesetzter Richtung mit hoher Geschwindigkeit die Erde. Nach dem Ende des Experiments weisen die Uhren eine Zeitdifferenz von 332 Nanosekunden auf.

Albert Einstein stellt 1905 die allgemeine und 1916 die spezielle Relativitätstheorie auf

Dass Raum und Zeit relativ, Lichtgeschwindigkeit aber absolut ist, war schon vor Einstein klar. Aber er schaffte es, diese sich eigentlich widersprechenden Fakten zu einer Theorie zu vereinen.

Seuchenalarm in Deutschland

Das Auftreten einer schon fast überwundenen **Seuche** löst in der niedersächsischen Hauptstadt Hannover hektische Aktivitäten aus. Nachdem am 25. März bei einem aus der jugoslawischen Provinz Kosovo in das Bundesgebiet eingereisten Bauarbeiter eine **Pockenerkrankung** festgestellt worden ist, werden insgesamt 165 Kontaktpersonen ersten Grades unter **Quarantäne** gestellt. Weitere 150 Menschen, bei denen ebenfalls eine Ansteckung befürchtet worden war, können nach einer **Impfung** gleich wieder nach Hause gehen.

Um ein weiteres Einschleppen der Seuche zu verhindern, werden an der deutsch-österreichischen Grenze alle Reisenden, die aus den Infektionsgebieten in Jugoslawien kommen, nur noch gegen Vorlage eines **gültigen Impfscheins** ins Land gelassen.

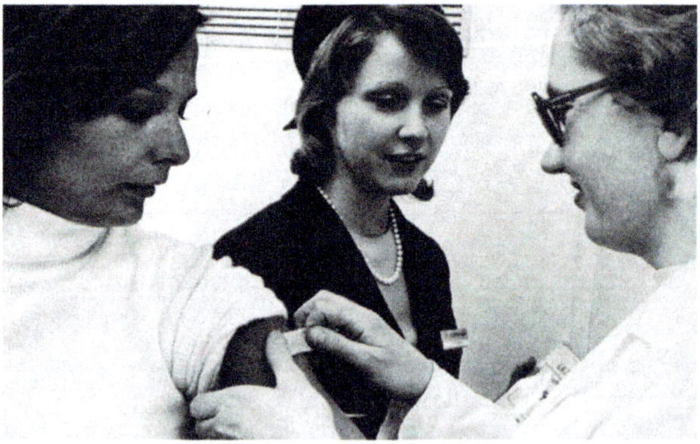

Hochbetrieb bei der Münchner Flughafenärztin. Alle aus Jugoslawien kommenden Personen müssen sich gegen Pocken impfen lassen. Nur wer einen gültigen Impfpass vorlegen kann, bleibt von dieser Vorsichtsmaßnahme befreit

Herr Müller, was hat Sie in Ihrem Leben am meisten geprägt?
Schwerkraft.

Immer mehr Gastarbeiter

In der BRD leben und arbeiten immer mehr ausländische Arbeitnehmer. 1972 erreicht die Zahl der Gastarbeiter mit 2.285.000 einen Anteil von fast 9 Prozent aller Arbeitnehmer. Der Zuzug, vor allem aus der Türkei, hält unvermindert an. Das Einkommen von Ausländern liegt bei durchschnittlich 870 DM (ca. 435 Euro), das sind rund 100 DM (ca. 50 Euro) weniger als bei bundesdeutschen Arbeitern.

Nur 38 Prozent der Gastarbeiter haben eine eigene Wohnung, ebenso viele wohnen in Gemeinschaftsunterkünften und 21 Prozent wohnen zur Untermiete. 40 Prozent sind mit ihrer **Wohnsituation nicht zufrieden.** Tatsächlich müssen viele in Behausungen leben, die selbst geringsten Hygiene- und Komfortansprüchen nicht genügen.

Wohnheim für ausländische Arbeiter in Essen. Die Wohnverhältnisse der sog. Gastarbeiter sind oft katastrophal

Jungfernflug

Der **Airbus A 300** absolviert erfolgreich seinen Jungfernflug. Chefpilot Max Fischl gibt dem Prototyp des europäischen Mittelstrecken-Großraumflieger nach diesem ersten **eineinhalbstündigen Probeflug** beste Noten. Die zweistrahlige Riesenmaschine zieht mehrere Schleifen über dem Luftraum von Toulouse. Der wirtschaftliche und geräuscharme Jet ist eine Gemeinschaftsentwicklung deutscher, französischer, britischer, niederländischer und spanischer Flugzeugfirmen. Der angesichts eines zunehmenden Flugverkehrs entwickelte Airbus kann maximal 336 Passagiere befördern.

Mit dem Erstflug des A 300 im Oktober 1972 beginnt der Siegeszug des Airbus-Konsortiums

Ein kurzes, zweiminütiges Video vom Jungfernflug 1972 (Sprache französisch) ist unter diesem Link bzw. QR-Code zu sehen:

https://bit.ly/Airbus-1972

Schnellstes Elektroauto

Bereits im Jahr 1971 wird ein **Opel GT zum Elektroauto** umgebaut und erreicht eine Höchstgeschwindigkeit von knapp 190 km/h. Die Batterien wiegen 570 kg für Kurzstreckenrekordversuche und 740 kg für längere Strecken. Allerdings reicht auch so die Ladung nicht für mehr als 44 km Hochgeschwindigkeitsfahrten mit einem Schnitt von über 100 km/h. Der Fahrzeugwert wird damals mit DM 300.000 (ca. 150.000 Euro) ermittelt. Die beiden Elektromotoren entwickeln 120 PS, die Batterien kommen von Varta. Der Opel GT erzielt insgesamt **sechs Elektromobil-Weltrekorde.**

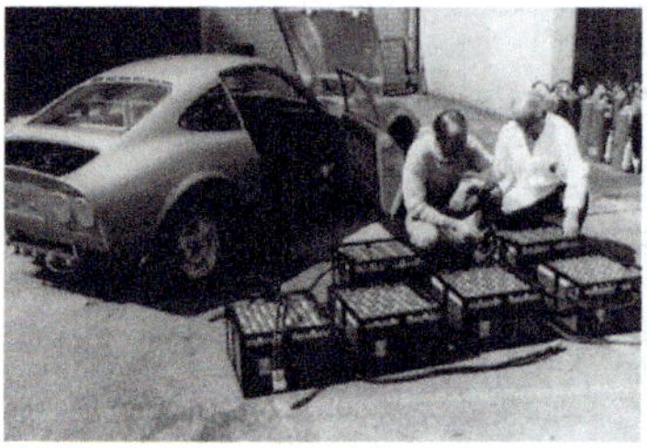

(li.) Die Batterien des Opel GT im Jahr 1972 sind groß und schwer. (re.) Opel GT mit Elektromotor, vorgestellt auf der Hannover-Messe 1972

Das fünfminütige Youtube-Video *„Electric Drive History: 1971 Opel GT Elektro“ ist* unter folgendem Link bzw. QR-Code zu sehen:

https://bit.ly/opel-gt-1971

Bester Radfahrer aller Zeiten

Der Belgier **Eddy Merckx** gewinnt die Tour de France zum vierten Mal hintereinander. Zuvor hatte Merckx auch den Giro d`Italia gewonnen. Am 25. Oktober verbessert er schließlich in Mexiko-Stadt den Stundenweltrekord der Radsportler auf 49,431 km. Merckx ist der **erfolgreichste männliche Radrennfahrer der Radsportgeschichte** und wird auch von vielen Radsportexperten er als der größte Rennfahrer aller Zeiten angesehen. Wegen seines Siegeshungers wurde er auch der **„Kannibale“** genannt.

Merckx beim Stundenweltrekord 1972 und mit seinem Teamtrikot 1972

Das rund 30-minütige Video *„Die Tour de France 1972 - Das Spektakel der 23 Tage“* ist unter folgendem Link bzw. QR-Code zu sehen:

https://bit.ly/tour-1972

Literaturnobelpreis für einen Deutschen

Am 19. Oktober 1972 gibt die Schwedische Akademie in Stockholm bekannt, dass sie **Heinrich Böll** mit dem Nobelpreis für Literatur auszeichnet. Die Ehrung gilt einer literarischen Arbeit, *„die durch ihren zeitgeschichtlichen Weitblick in Verbindung mit ihrer von sensiblem Einfühlungsvermögen geprägten Darstellungskunst erneuernd im Bereich der deutschen Literatur gewirkt hat"*. In seinen Romanen, Kurzgeschichten, Hörspielen und zahlreichen politischen Essays setzte er sich kritisch mit der jungen Bundesrepublik auseinander. Darüber hinaus arbeitete er gemeinsam mit seiner Frau Annemarie Böll als Übersetzer englischsprachiger Werke ins Deutsche und als Herausgeber.

(li.) Original Glückwunsch-Telegramm der Schwedischen Akademie an Heinrich Böll aus dem Jahr 1972

Hier der Link und QR-Code zum Download des Telegramms:

https://bit.ly/telegramm-an-boell

Unterwäsche mit viel Stoff

1972 zeigen die Männer bei ihrer Unterwäsche noch viel Stoff. Während die Unterhemden hauteng geschnitten sind, sind die Schlafhemden weit geschnitten und knielang.

Hier der Link und QR-Code zu einem fast 10 Mio. (!) Mal geklickten Youtube-Video über 100 Jahre Männerunterwäsche.

https://bit.ly/100-jahre-männerunterwäsche

Herbert,
ich hätte wieder
mal Lust auf
Sex!
Ich hätte
im Mai noch
einen Termin
frei!

Die Straßen werden voller

In der BRD, ebenso wie in anderen Industrieländern wächst die Erkenntnis, dass der **Zuwachs des Individualverkehrs** ein Maß erreicht hat, das die Suche nach Alternativen immer dringlicher werden lässt. Seit 1945 hatte der Ausbau der Straßen immer Vorrang vor einer Erweiterung des Schienennetzes.

In Personenkilometern gemessen, hat der Autoverkehr seine Leistungen von 1950 bis 1972 verfünfzehnfacht, während die Leistungen der Bahn lediglich um 25 Prozent gestiegen sind.

(li.) Europas größter Autobahnzubringer: Der 30 Mio. britische Pfund teure „Spaghetti Junction" im englischen Birmingham. (re.) Aufruf der Hessischen Landesbank für mehr öffentlichen Personenverkehr

Download: Camping-Rezepte für Junggesellen und Strohwitwer

Kochbücher für Campingurlaube gibt es seit den 1960er Jahren.

Hier der Link zu 40 original Camping-Rezepten für Junggebliebene und Strohwitwer aus 1972:

https://bit.ly/1972er-rezepte-camping

Ein Vorhang vor dem Tal

Im zweiten Anlauf gelingt dem bulgarischen Verpackungskünstler **Christo** eines seiner bislang kühnsten Projekte: Im Tal des Colorado spannt er einen 380 m breiten und bis zu 150 m hohen Vorhang. Ein erster Versuch, das **Valley Curtain Project** zu realisieren, war im Vorjahr an einem zu dünnen Tuch gescheitert. Jetzt aber flattert das orange-farbene Tuch im Wind und das Ereignis wird in einem knapp halbstündigen – 1973 für den **Kurzfilm-Oscar nominierten** - Dokumentarfilm festgehalten.

Das „Valley Curtain Project" des bulgarischen Verpackungskünstlers Christo am 10. August im Colorado-Tal

Hier der Link und QR-Code zum 25-minütigen Film auf Youtube:

https://bit.ly/christo-1972

Urlaub in Bettenburgen

Ob an der deutschen Ostseeküste oder in Italien, der Urlaubsgast stößt immer öfter auf **graue Betonsilos** und riesige Erholungskombinate. Vor allem an der Ostsee entsteht ein Ferienpark nach dem anderen.

Weil das Bauland billig ist, die Gemeinden in Erwartung höherer Einnahmen Geld zuschießen und auch der Staat - im Rahmen der Zonenrandförderung - den Subventionssäckel öffnet und Geldanlegern saftige Steuervorteile bietet, entstehen zwischen Flensburg und Travemünde neue Feriensiedlungen.

Luftbild des Ostseebades Grömitz: Ab den 1970er-Jahren entstanden überall an der Küste die großen Hotels, Betonburgen mit Ferienwohnungen und neue Seebrücken

Musik in Deutschland

Anfang der 70er Jahre hat **Tony Marshall** gleich mehrere Songs in den deutschen Top Ten. 1965 besteht er sein Staatsexamen als Opernsänger an der Karlsruher Musikhochschule. Bekannt wird er mit dem vom Erfolgskomponisten Jack White produzierten Lied **„Schöne Maid“.** Eigentlich wollte er das Lied nicht singen und hatte er sich vor der Aufnahme mit Chianti einen Schwips angetrunken.

Ein Hit-Medley seiner schönsten Songs gibt es auf Youtube unter folgendem Link und QR-Code:

https://bit.ly/hits-tony-marshall

Deutsche Jahrescharts 1972

1. Ich hab` die Liebe geseh`n von Vicky Leandros
2. Komm gib mir deine Hand von Tony Marshall
3. Es fährt ein Zug nach Nirgendwo von Christian Anders
4. Sacramento von Middle Of The Road
5. Michaela von Bata Illic
6. Beautiful Sunday von Daniel Boone
7. Am Tag als Conny Kramer starb von Juliane Werding
8. Little Willy von Sweet
9. Metal Guru von T. Rex
10. Schöne Maid von Tony Marshall

Grüße ins Weltall

Die US-amerikanische Raumsonde **Pioneer 10** startet am 2. März ins All. Sie ist die erste von Menschen gebaute Raumsonde, die den Planeten Jupiter und anschließend den äußeren Bereich des Sonnensystems erreicht. Für den Fall, dass sie auf eine extraterrestrische Zivilisation stößt, befindet sich an Board eine **Tafel mit einer Botschaft von der Erde.** Die Symbole zeigen eine Frau und einen Mann, kosmische Strahlungswellen, das Wasserstoffatom und das Sonnensystem mit der Erde als Herkunftsplaneten der Sonde.

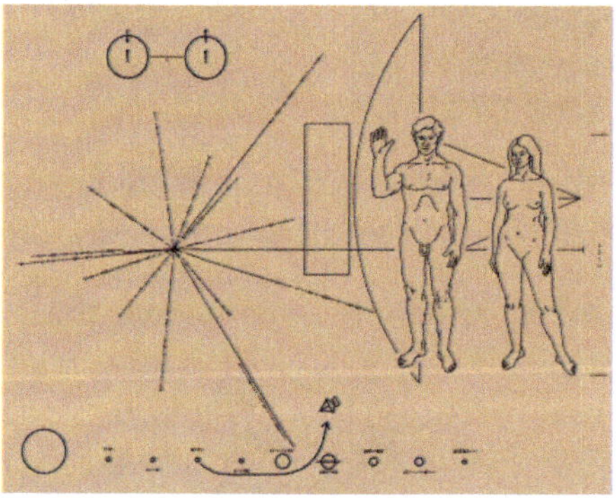

Die Tafel mit verschiedenen Symbolen an Bord der Pioneer 10

Die Bedeutung der Symbole erläutert ein 5-Minuten Youtube-Video: Hier der Link oder QR-Code:

https://bit.ly/pioneer-10

Olympia in der Großstadt

Der japanische Kaiser Hirohito eröffnet am 3. Februar im Makomanai-Stadion von **Sapporo die elften Olympischen Winterspiele.** In den 35 Wettbewerben gehen 1.129 SportlerInnen aus 35 Ländern an den Start.

Zum ersten Mal findet dieses Eis- und Schneefestival nicht einem der Wintersportorte in den Alpen, in Skandinavien oder Amerika statt, sondern in der Millionen-Metropole einer japanischen Industrieinsel - acht Jahre nach dem Olympia-Sommer in Tokio. Die DDR startet erstmals mit eigener Flagge und eigener Hymne.

Flagge der DDR bei den Olympischen Spielen

Die Hymne der DDR *„Auferstanden aus Ruinen"* (über 10 Mio. (!) Klicks, ist unter folgendem Link und QR-Code auf Youtube zu hören.

https://bit.ly/hymne-ddr

Jüngster Formel 1 Weltmeister

Der in Lausanne lebende Brasilianer **Emerson Fittipaldi gewinnt** vor 80.000 Zuschauern in Monza den Großen Preis von Italien. Der 25-jährige Lotus-Fahrer sichert sich so vorzeitig die Formel 1 Weltmeisterschaft und wird der jüngste Titelträger in der WM-Geschichte seit 1950.

Der schottische Titelverteidiger Jackie Stewart gewinnt auf Tyrell die letzten beiden Saisonrennen in Kanada und den USA und schiebt sich hinter Fittipaldi noch auf Platz zwei.

Mit dem Lotus 72-Ford V8 John Player Team Lotus gewinnt Fittipaldi 1972 die WM

Das einminütige Youtube-Video: *„Nürburgring Südschleife Lotus 72 F1 on board Texaco Commercial with Emerson Fittipaldi“* ist unter folgendem Link bzw. QR-Code zu sehen:

https://bit.ly/Fittipaldi-1972

Mit heißer Luft über die Alpen

Der 32-jährige Schotte Donald Cameron und sein Partner Mark Yarry setzen einen **Meilenstein in der Geschichte der Luftfahrt.** Mit ihrem Heißluftballon steigen sie im Schweizer Wintersportort Zermatt auf und erreichen nach drei Stunden die italienische Kleinstadt Bielle zwischen Turin und Mailand.

Erstmals hat ein Heißluftballon Berge in mehr als **5.000 m Höhe** überflogen. Der von Cameron konstruierte 30 m hohe und 20 m breite Ballon fasst 4.000 m^3 Luft, die mit Propangas erhitzt wird.

Ein Traum wird wahr: Der Heißluftballon von Cameron und Yarry in luftiger Höhe über den Schweizer Alpen

Die beliebtesten Vornamen

1972 werden in Deutschland **901.657 Kinder** geboren. Die beliebtesten Vornamen sind:

Jungen:

1. Michael
2. Christian
3. Andreas
4. Stefan
5. Thomas
6. Torsten
7. Oliver
8. Markus
9. Sven
10. Matthias

Mädchen:

1. Nicole
2. Claudia
3. Tanja
4. Sandra
5. Stefanie
6. Anja
7. Katrin
8. Andrea
9. Katja
10. Michaela

Interessante Preise

Butter/kg 8,04 DM

Eier/Stück 0,22 DM

Milch/L 0,85 DM

Rindfleisch/kg 7,14 DM

Schwein/kg 8,75 DM

Zucker/kg 1,27 DM

Kartoffeln/kg 0,47 DM

Mehl/kg 1,03 DM

Prominente Geburtstagskinder

Folgende prominente ErdenbürgerInnen erblicken 1972 das Licht der Welt:

02. Mai: Dwayne Johnson
US-Schauspieler

23. Mai: Rubens Barichello
bras. Automobilrennfahrer

23. Juni: Zinédine Zidane
franz. Fußballer

30. August: Cameron Diaz
US-Schauspielerin

15. August:
Ben Affleck
US-Schauspieler

17. Oktober: Eminem
US-Rapper

27. September:
Gwyneth
Paltrow

07. Dezember:
Hermann Maier

29. Dezember:
Jude Law
brit. Schauspieler

Der Weltraum ... unendliche Weiten ...

„... Wir schreiben das Jahr 2200. Dies sind die Abenteuer des Raumschiffs Enterprise, das mit seiner 400 Mann starken Besatzung 5 Jahre unterwegs ist, um fremde Galaxien zu erforschen, neues Leben und neue Zivilisationen. Viele Lichtjahre von der Erde entfernt dringt die Enterprise in Galaxien vor, die nie ein Mensch zuvor gesehen hat."

Mit diesen Worten beginnt jede Folge einer der legendärsten Fernsehserien aller Zeiten. **„Raumschiff Enterprise"** spielt im 23. Jahrhundert, zu einer Zeit, in der die Menschheit den Dritten Weltkrieg hinter sich hat und sich in friedlicher Koexistenz mit anderen außerirdischen Lebensformen zur Vereinigten Föderation der Planeten zusammengeschlossen hat. Die erste Folge flimmert am 27.05.1972 über die deutschen Bildschirme.

Captain James T. Kirk, Erster Offizier Mr. Spock, Schiffsarzt Dr. Leonard „Pille" McCoy und Kommunikationsoffizier Lieutenant Nyota Uhura gehören zur Stammbesetzung

1972 als Kreuzworträtsel

1. Chin. Tierkreiszeichen; 2. Schwedische Kultband; 3. Mafia-Film; 4. Nachname Stummfilmstar; 5. Baden ohne Kleidung; 6. Nachname der Sängerin von: Conny Kramer; 7. Kindersendung mit Puppen; 8. Unternehmen, welches das erste Videospiel auf den Markt brachte; 9. Ort der Olympischen Sommerspiele 1972; 10. Spitzname eines Automobils; 11. Vorname eines Literaturnobelpreisträgers; 12. Verpackungskünstler; 13. Vorname des Sängers von: Schöne Maid; 14. Beliebtester Jungen-Vorname; 15. Andere Bezeichnung für Raumschiff Enterprise.

Lösung Kreuzworträtsel

1. Ratte; 2. Abba; 3. DerPate; 4. Chaplin; 5. FKK; 6. Werding; 7. Sesamstrasse; 8. Atari; 9. Muenchen; 10. Kaefer; 11. Heinrich; 12. Christo; 13. Tony; 14. Michael; 15. Startrek

Bildverzeichnis

alamy; bigstock; canto; gettyimages; okapia; pixxio; pixabay; shutterstock; stokpic. Trotz größter Sorgfalt konnten die Urheber nicht in allen Fällen ermittelt werden. Es wird gegebenenfalls um Mitteilung gebeten. Wir bitten um Verständnis, dass wir keinen Einfluss darauf haben, wie lange die externen Links (z.B. Youtube-Videos) abrufbar sind. Es besteht keinerlei wirtschaftliche oder sonstige Verbindung zu eventuell eingespielter Werbung vor den Videos. Cartoons: Nadja Kühnlieb

Impressum

Autorin: Nadja Kühnlieb

www.verlagmensch.com / info@verlagmensch.com
Dr. Roman Feßler LL.M.
6900 Bregenz - Österreich, Bregenzer Straße 64
Umschlaggestaltung: Ingeborg Helzle Grafikdesign
Covermotiv: Alamy

1. Auflage 2021

In der Serie Geburtstagsbücher für Männer sind noch erschienen:

In der Serie Geburtstagsbücher für Frauen sind erschienen:

Alle Jahrgänge enthalten Download-Material zum jeweiligen Geburtsjahr.
Alle Geburtstagsbücher sind exklusiv auf Amazon erhältlich.

Psychologische Ratgeber des Verlags

Dr. Beate Guldenschuh-Feßler

Jeden Tag glücklich!

Positive Psychologie für mehr Glück & Lebensfreude

Exklusiv auf Amazon.
Der Link zum Buch:
bit.ly/Jeden-Tag-glücklich

Auf 425 Seiten erhalten Sie 199 Praxistipps und Übungen von der erfahrenen Diplompsychologin und Verhaltenstherapeutin zur Erhöhung Ihres persönlichen Glückniveaus.

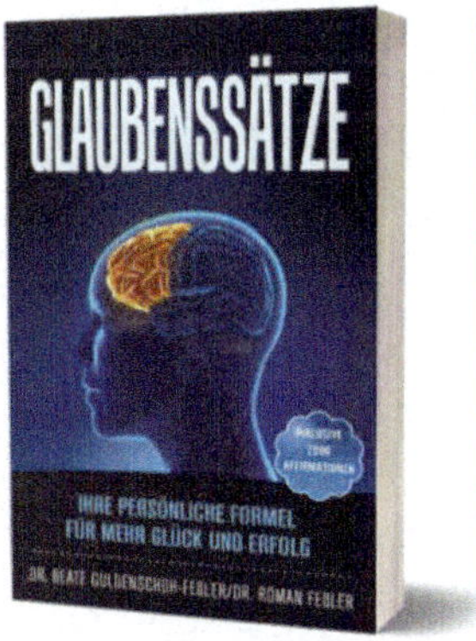

Dr. Beate Guldenschuh-Feßler

Glaubenssätze

Ihre persönliche Formel für mehr Glück und Erfolg. Inklusive 2.000 Affirmationen

Der Link zum Buch:
bit.ly/Buch-Glaubenssätze

Identifizieren Sie Ihre einschränkenden Glaubenssätze und erfahren Sie, wie Sie mit positiven Affirmationen glücklicher und erfolgreicher werden.

Dr. Beate Guldenschuh-Feßler

Das große Tagebuch der Dankbarkeit

Studien beweisen, dass ein Dankbarkeitstagebuch unser Glücksniveau steigern und Geist und Körper positiv beeinflussen kann.

Der Link zum Buch:
bit.ly/dankbares-leben

Neben ausreichend Platz für Ihre Tagebucheintragungen erhalten Sie psychologisches Hintergrundwissen, Tipps und Übungen zum Thema Dankbarkeit.

Dr. Beate Guldenschuh-Feßler

Glücklich im Ruhestand. Das große Praxisbuch für die schönste Zeit im Leben

10 psychologische Strategien mit Übungen aus der psychologischen und psychotherapeutischen Praxis und Fragebogen zu den Themen Glück, Dankbarkeit, Optimismus, Humor etc.

Der Link zum Buch:
bit.ly/ruhestand-und-glück

Printed by Amazon Italia Logistica S.r.l.
Torrazza Piemonte (TO), Italy

28160030R00046